星火记忆

中铁建设编委会 —— 著

中国铁道出版社有限公司
CHINA RAILWAY PUBLISHING HOUSE CO., LTD.

图书在版编目（CIP）数据

星火记忆 / 中铁建设编委会著 . —北京 : 中国铁道出版社有限公司 , 2021.5（2021.6 重印）
ISBN 978-7-113-27895-3

Ⅰ . ①星⋯ Ⅱ . ①中⋯ Ⅲ . ①高速铁路 – 铁路车站 – 介绍 – 中国 Ⅳ . ① U238

中国版本图书馆 CIP 数据核字（2021）第 068953 号

书　　名：星火记忆
编　　著：中铁建设编委会

责任编辑：田银香　　　　电话：（010）51873407
装帧设计：闰江文化
责任校对：苗　丹
责任印制：赵星辰

出版发行：中国铁道出版社有限公司（100054，北京市西城区右安门西街 8 号）
印　　刷：北京柏力行彩印有限公司
版　　次：2021 年 5 月第 1 版　2021 年 6 月第 2 次印刷
开　　本：700 mm×1000 mm　1/16　印张：7.5　字数：85 千
书　　号：ISBN 978-7-113-27895-3
定　　价：45.00 元

2021 年是伟大的中国共产党成立 100 周年。

在中国共产党的领导下，中华民族实现了从站起来、富起来到强起来的历史性飞跃。中国桥、中国路、中国车、中国网……中华民族伟大复兴的"中国梦"正一步步照进现实。十余年间，一张南北互通、东西相连的高铁网正徐徐铺展，一座座高铁站房仿若一颗颗明珠闪耀着光芒。作为新时代中国精品智能客站标杆的北京朝阳站，无疑是最耀眼的明珠之一。

时间拨回到 2018 年，中铁建设集团承担起北京朝阳站的建设任务。此时，距离投身中国高铁站房建设市场过去了整整十年。十年间，中铁建设集团从零开始，从无到有，从有到精；十年间，中铁建设集团攻克世界难题，填补行业空白，兑现业主承诺；十年间，中铁建设集团接受了国家领导人的"检阅"，一次次捧回国家质量最高荣誉；十年间，中铁建设集团用人品铸造精品，用一座座精品擦亮"中国名片"。

北京朝阳站建设可以说是中铁建设集团参与的里程碑工程，它见证了中铁建设人十年的成长与变化，而以北京朝阳站的前身"星火站"命名的星火精神更是这十余年的浓缩。"星火点亮朝阳，奋斗成就伟业"，星火精神体现的是中铁建设人的责任、实干、创新、卓越，但究其根本，星火精神就是一种奋斗精神。亦如厦门北站、昆明南站成为中铁建设集团大满贯的代表作，北京朝阳站的精神火种定会成就下一个"厦门北站""昆明南站"。

什么是"初心"？

从 70 多年前《铁道兵志在四方》里的"同志们那迈开大步呀朝前走呀，铁道兵战士志在四方"，到《从北京朝阳站出发》里的"背上行囊又要启航"，这支过去被党和国家领导人亲切评价为"人民铁军"的队伍，从出生之日起，骨子里就流淌着军人的血液，不论是战争年代还是和平建设时期，"听党指挥，令行禁止""逢山凿路，遇水架桥"，这些被津津乐道的特质就在他们身上传承着。

2018 年 6 月 28 日,进军铁路站房工程 10 周年总结大会召开,会上,播放了一部讲述中铁建设人十年征"站"的纪录片,名字叫作《在路上》。

北京朝阳站,246 名项目管理人员、898 个日日夜夜,为了这座精品工程,他们再一次用实际行动诠释自己对初心最朴实的理解。

奋斗,永远在路上!

著 者

2021 年 3 月

领导关怀

- 2019 年 3 月 12 日，中国铁路总公司副总经理王同军率铁路总公司建设管理部、发改部、工程管理中心、鉴定中心以及中国铁路北京局集团有限公司相关人员一行到北京朝阳站检查指导。王同军表示，中铁建设集团起点高、标准高、行动快，展示了企业的良好形象。

- 2019 年 4 月 30 日，中国铁路总公司董事长、党组书记陆东福，总经理杨宇栋，副总经理王同军等一行，深入调研北京朝阳站建设情况，并慰问参建员工。陆东福要求，要提高政治站位，增强政治责任感和历史使命感；落实客站建设的总要求，打造优质精品工程；加强组织领导，确保客站建设高标准、高质量推进。重点从全面落实建设制度、特别重视工程的质量安全、依法组织建设、建设廉洁工程、加强宣传思想工作等五个方面着力，提升客站建设水平。

- 2019 年 11 月 8 日，中国铁建党委常委、副总裁李宁同俄罗斯莫斯科市副市长马拉特·胡斯努林一行，到中铁建设集团基础设施事业部承建的京沈客专星火站考察交流。马拉特·胡斯努林表示，中铁建设集团的科技应用匠心独运、施工生产技艺精湛，令人印象深刻，希望双方积极寻求合作机会，在基础设施建设及超高层建设等领域展开更多合作，实现互利共赢。

- 2020 年 1 月 22 日，中国国家铁路集团有限公司党组书记、董事长陆东福，总经理杨宇栋，副总经理王同军，中华全国铁路总工会主席索河，总经济师兼办公厅主任韩江平等一行，到北京朝阳站向建设者致以节日慰问。

- 2020 年 2 月 27 日，国务院国资委党委书记、主任郝鹏一行来到北京朝阳站，就统筹推进疫情防控和复工复产工作进行调研。郝鹏指出，中铁建设集团北京朝阳站彰显了央企在疫情防控和复工复产中发挥的重要作用，展示了央企的良好形象。

- 2020 年 3 月 19 日，由中国人民银行金融市场司副司长彭立峰带队的中央复工复产调研组深入北京朝阳站，聚焦疫情防控情况下，建筑施工企业复工复产情况，听实情、摸实底，及时反映和帮助企业解决困难问题，推动党中央、国务院决策部署落实落地。

- 2020 年 4 月 3 日，北京市委书记蔡奇到北京朝阳站检查调研，要求项目全力保障北京朝阳站建设，做好复工复产后的疫情防控工作，开足马力，加强规划和施工衔接，把车站建成符合城市发展方向的综合体，带动周边区域发展。

● 2020 年 5 月 21 日，中国铁路北京局集团有限公司总经理狄威一行到北京朝阳站调研指导。狄威对中铁建设集团严格落实"畅通融合、绿色温馨、经济艺术、智能便捷"的客站建设新理念表示认可，对中铁建设集团现场钢结构施工和装饰装修给予肯定。希望中铁建设集团继续发扬这种作风，把北京朝阳站打造成为新时代精品智能客站示范工程。

● 2020 年 6 月 4 日，中国工程院院士、原铁道部部长傅志寰，中国工程院院士、原铁道部副部长卢春房一行到北京朝阳站调研。傅志寰、卢春房一致表示北京朝阳站落客平台、雨棚上盖停车场和进站厅平层的设计让旅客充分体验畅通与便捷，对中铁建设集团在信息化、标准化方面的突出表现给予充分肯定。

● 2020 年 6 月 25 日，中国国家铁路集团有限公司董事长、党组书记陆东福，总经理、党组副书记杨宇栋，副总经理李文新，副总经理黄民，副总经理王同军一行到北京朝阳站施工现场调研，并慰问一线建设者。

● 2020 年 6 月 30 日，北京市朝阳区区长文献一行到北京朝阳站调研，对北京朝阳站的施工进度、精品智能客站建设情况给予高度评价，对中铁建设集团自主研发的"156智慧建造管理平台"表示赞许。

● 2020 年 9 月 2 日，中国铁道建筑集团有限公司党委书记、董事长汪建平到建设中的北京朝阳站检查指导，对中铁建设集团创新使用自主研发的"156 智慧建造管理平台"管理现场的做法给予肯定，要求项目继续弘扬铁道兵精神，精心组织，精益施工，确保质量、安全、进度，打赢"保开通"攻坚战。

● 2020 年 11 月 10 日，北京市副市长杨斌到北京朝阳站调研。

● 2021 年 1 月 12 日，北京市副市长隋振江，中国国家铁路集团有限公司副总经理王同军一行到北京朝阳站检查调研。隋振江指出，北京朝阳站整体结构漂亮、装饰装修简洁大气，其装饰装修技术及经验值得其他基础设施建设借鉴。

目 录

忆星火   001

003   追寻"星火"印记

亮星火   007

009   高点定位，打造高铁站房新样板
014   开展理念创新　引领站房施工

战星火   017

019   "召之即来，来之能战"，星火初燃
024   誓师大会上的誓言
029   快速"一步过渡"
033   攻坚克难，打造"钢铁丛林"
038   科技赋能，为施工助力
043   "城市客厅"初具雏形
049   联调联试顺利通过
053   冲刺！百日会战

"疫"星火 057

059 星火战"疫" 共克时艰

展星火 065

067 从"星火"到"朝阳"

结语 093

附录 097

★

忆星火

1966 年以前，它叫辛庄站，是北京皇城内的火车站。

1966 年以后，它叫星火站，是京包线上繁忙的货运站。

今天，它叫北京朝阳站，是"十四五"期间北京开通的首条高铁——京哈高铁始发终到站。

跨越半个多世纪，这座站房见证了中国铁路事业的发展与变迁，更见证着中国社会的沧桑巨变。

不同的历史时期，有不同的时代责任。在物资紧缺的时代，它是移动的货物"搬运工"；在万物互联互通的时代，它以 350 公里的时速接入路网通九州的版图中。

从这个意义上说，在星火站旧址，立起一座新时代精品智能客站的标杆，让"高铁经济"激活"东北振兴"的一池春水，是时代的呼唤，更是百姓的呼唤。

在启程踏上时代发展"高速列车"的这一刻，在这新旧交替之间，让我们带着崇敬的心情，翻开尘封的历史，追寻星火的印记，回望那一段段闪耀着智慧与创造的激情岁月，在它的前世今生中，汲取前行的动力，奏响时代发展的动人乐章！

追寻"星火"印记

午后的阳光温柔地洒在一座蓝色的小站上，古旧的气息仿佛将人们带回 20 世纪 60 年代，驻足静听路过的单车铃铛作响，似乎还回荡着曾经人来人往时的喧嚣，这就是坐落在北京市朝阳区的星火站。

听到"星火"二字时，人们会联想到毛泽东同志撰写的《星星之火，可以燎原》，想到星火站是否在革命时期就已经诞生。实际上，星火站是 20 世纪 60 年代随京包铁路建成的，当时是东北环线铁路众多车站中的一员，同时也是多个方向接发列车的中间站，几经易名，见证了历史的风云变幻。

⌃ 老星火站照片（之一）

据资料记载，星火站位于北京市朝阳区东风乡辛庄村（该乡已撤销），原叫"辛庄站"。1966年建成后，因天津已有一个"辛庄站"，便以附近的星火人民公社（六里屯乡）命名为"星火站"。1970年前后，星火人民公社改回六里屯乡，"星火站"站名保留。

建站之初，它被定位为北通货运编组站，连接着周围的东北郊粮库、棉花储备库、粮油仓库。曾经的798无线电器材厂、751热电厂等厂房都依仗着这里输送的能源。

"曾经的星火站很热闹，人也很多，货更多。任务重的时候用3台调车机卸车装车都忙不过来。"75岁的高贵民曾是京包线上的养路工人，提起星火站，他仿佛看到了当年站里繁忙的景象：汽笛鸣响，红皮、绿皮的客运、货运火车交错经停，候车大厅内旅客人影绰绰，行囊中背满各种小件儿的商贩此起彼伏地吆喝，发车时的铃铛急促而有力。

❤ 老星火站照片（之二）

△ 老星火站前留影

　　高峰时期，星火站每天进出超过1000次列车。来自全国各地的土特产、木材、粮油、煤炭、钢材等源源不断地从星火站运进运出，北京市五分之一的物资都是从这里发往各个站点。星火站为首都的建设和发展作出了重要贡献。

　　作为进入东北铁路环线的必经车站，星火站也曾办理客运业务，多趟前往包头、张家口的列车在此停靠，就连去往莫斯科的国际列车也要从这里经过。

　　但是随着社会经济的快速发展，全国铁路多次提速，星火站周边厂房陆续搬迁，小区楼房开始建设，货运随之减少，星火站在北京铁路车站中的地位逐渐降低。进入 20 世纪，星火站一天最多只有 30 多趟列车经停，客运业务已经停止办理超过 15 年，仅承办一些整车、零担货物到发业务。其周边也早已小区林立，天蓝色的主体建筑虽然尚存，但 100 多平方米的候车室早已停用，写着"铁路货运营业厅"的房子大门紧锁，墙外的信报箱外表斑驳，锁已经生锈，似乎成为了京城中一个"被遗忘的角落"。

2013 年夏天，北京市建设工程信息网发布的一则喜讯，瞬间打破了这里的沉寂：将京哈高铁始发站由北京站改为北京星火站，并将在此基础上建设一座全新的高铁站房。自此，星火站再度出现在人们的视野中，并逐渐成为焦点。2020 年 6 月，正在建设中的星火站为增强车站名地理方位标识，便捷旅客出行，正式更名为"北京朝阳站"。

星火站将搭上时代"高铁"，实现华丽转身。这一刻，转身的眷恋变成了对未来的美好希冀……

★

[亮星火]

一座高铁客站，就是一个城市之窗。

在拥有三千多年历史的古都北京，如何向世人递出这座城市新时代的名片？北京朝阳站建设者从建设之初就在思考这个问题。

这是人们对美好生活的向往：客站已经不仅仅是最初满足基本功能的驿站，还是体验首都艺术审美的空间。

中铁建设决策层高站位谋篇布局，高定位贯彻实施，用十余年积聚的铁路站房建设技术能力、管理优势和科技实力，全力打造新时代精品智能客站新标杆，为"轨道上的京津冀"注入活力。

中铁建设人以强烈的政治责任感和使命感，以中国国家铁路集团有限公司（以下简称"国铁集团"）的"畅通融合、绿色温馨、经济艺术、智能便捷"铁路客站建设新理念为指导，坚持精品目标、精心设计、精细管理、精致施工，结合实际，践行绿色建造、智慧建造、精益建造、人文建造"四个建造"理念，着力把北京朝阳站打造成为中国高铁网上的璀璨明珠，奋力开启铁路建设高质量发展新征程。

高点定位，打造高铁站房新样板

2018 年 8 月 8 日，中铁建设承建的北京朝阳站进场施工，建成后的京哈高铁将为东北老工业基地插上腾飞的翅膀。

北京朝阳站地处首都北京，是国家《中长期铁路网规划》中"八纵八横"高速铁路网主骨架京哈通道的重要组成部分，承担京哈高铁始发站、终点站的艰巨责任。车站以"活力之都"为建筑创意，以"北京古建筑之美"为设计理念，打造一座现代化精品铁路客站不仅是北京城市规划建设总体布局的重要举措，更是贯彻落实习近平总书记京津冀协同发展战略的重要举措。

高点定位，整体谋划。中铁建设集团积极对接业主单位、设计单位，深化设计方案，明确了将北京朝阳站打造成为新时代精品智能客站标杆工程的总体目标。

精耕"畅通融合、绿色温馨、经济艺术、智能便捷"铁路客站建设新理念，深入研究其内涵。

"'畅通融合'，就是高铁站房同城市规划、市政道路接驳，实现交通枢纽的综合功能。'绿色温馨'，体现的是绿色环保发展理念，为旅客

⌃ 星火站站房效果图

创造一个温馨健康舒适的出行环境。'经济艺术'，不仅包含了建筑造型艺术，更要求一座站房本身蕴含功能性和技术性。'智能便捷'，就是把信息化技术作为一种新的手段和工具，在降低人工、优化交通组织方面有着更亮眼的表现。"国铁集团新时代铁路客站建设新理念的内涵，为北京朝阳站建设指明了方向。

作为铁路客站建设新理念的先行者、展示者、推广者，北京朝阳站在建设之初，就坚持精品目标，精心设计、精细管理、精致施工，高标准定位，让"四精"理念落地，竭力探索在首都北京建设百年传世之作。

"畅通融合"，是推动区域发展的有效路径。北京朝阳站建设初期，注重把站房建设融于综合交通枢纽规划设计中，充分融入"一站一景"理念，搭配东西方向城市空间轴，促进铁路客站与城市配套的紧密衔接，降低旅客出行时间及经济成本，提高铁路客站运转效率，保证旅客进出站通道的顺畅。车流组织方面，充分考虑周边城市交通骨架，采用"南进南出、北进北出""分块循环"的交通组织方式，本着高效、便捷、节约用地的原则，与城市交通互联互通。

要想实现"绿色温馨"的理念，就要着眼可持续发展的思路，打造全寿命周期内绿色客站设计。这就要求北京朝阳站在建设过程中，必须采用经济、适用的节地、节能、节水、节材和环保等技术，以节支降耗为目标，搭配设备选型优化和技术手段创新，力争打造一座高效运转、持续发展的绿色现代客站。

经济性和艺术性是衡量新时代高铁站房的重要标准之一。只有通过加强对新技术、新材料、新设备进行技术经济论证和比较分析，才能选择先进成熟的技术、经济适用的材料、性能良好的设备来控制工程投资和运维成本，实现建筑功能、艺术与经济的完美统一。

智能、人文尽显人文关怀。新时代铁路站房建设在完善客站客运功能的同时，还需提升服务旅客的水平和能力，充分运用信息化、智能化技术，提高设备检测、运输组织、旅客服务的智能化水平，加大客站建设过程智能建造、数字建造技术的应用，实现数字化交付及智能管理，加快推进综合客运枢纽一体化建设，实现枢纽功能布局紧凑、集约高效、空间贯通、客流衔接有序、换乘方便快捷。

思深方益远，谋定而后动。"畅通融合、绿色温馨、经济艺术、智能便捷"和"四精"理念是北京朝阳站规划建设的基本依据，建设者以此为指导，加强规划组织实施，以钉钉子精神积极探索在新时代高铁站房在设计、技术、管理方面的创新，力争将北京朝阳站打造成为中国高铁站房建设的新样板。

开展理念创新　引领站房施工

交通强国，铁路先行。中国发展高铁，高铁改变中国。率先建成现代化铁路强国，更好支撑中华民族"强起来"，是每个铁路建设者肩负的历史重任。

为了建设高铁精品客站，国铁集团要求全面落实"畅通融合、绿色温馨、经济艺术、智能便捷"的铁路客站建设新理念和"精心、精细、精致、精品"的施工要求。

中铁建设集团作为最早一批参与高铁站房建设的企业，为适应国铁集团对高铁铁路站房建设的新要求，开展管理提升，进行科技创新，一路砥砺奋进，追梦前行。为了促进公司在高铁建设领域的高速发展，中铁建设集团高瞻远瞩，率先布局，不断创新。

于是，中铁建设集团率先提出"绿色建造、精益建造、智慧建造、人文建造"四个建造理念，并推出《中铁建设四个建造管理理念实施指南》。

为了加强站房项目施工管理，中铁建设集团积极探索打造"智慧建造"平台，这也成为在北京朝阳站项目研发使用的"156智慧建造管理平台"的雏形，以"1个平台、5大终端、6智融合、BIM+GIS集成、全业务综合应用"

▲ 中铁建设北京朝阳站项目部团队合影

为核心框架，通过智能进度、智能劳务、智能物料、智能场区、智能监控、智能调度六大智能场景，进行空间数据和时间维度信息的多方位一体化整合，有效提升项目管理水平。2019 年，新的管理方法被评为中国施工企业管理协会年度信息化应用优秀案例。

中铁建设集团遵循"精益建造"的施工理念，筹划在北京朝阳站项目积极使用新技术、新理念，提升建造效率，加强工程质量。清水混凝土天生丽质，不需任何涂料，一成型就是光滑美观的效果。但是按照传统施工方法，需要在外层涂上装饰漆，这样导致车站建成后由于天气等因素影响，容易产生开裂、脱落等现象，有碍观瞻。在这种情况下，策划通过进行不同配合比的混凝土试块比选来确定清水混凝土的颜色和成型效果。

为落实"人文建造"理念，北京朝阳站从施工之初就深入研究、积极探访北京古建筑，力求融入地方人文元素。北京朝阳站建筑方案以北京悠久的历史文化为切入点，以现代手法加以演绎。建筑采用三段式布局，整体造型气势恢宏，端庄稳重。下部陶板基座挺拔硬朗，古朴大气；中部玻璃幕墙通透灵动、简洁干练；上部屋面出挑深远，轻盈舒展。

在践行"绿色建造"理念方面，中铁建设集团力争打造绿色工地，在基坑放坡施工中，为做好坡面防护，使用绿色装配式土钉墙支护（GRF）支护技术。GRF是由高分子复合材料组成的可回收新型支护品，具有强度高、质量轻、可回收、施工速度快等特点，这种新型材料减少钢筋加等工序，是传统土钉墙支护工效的 3 ~ 5 倍，可大大节省工期。这种新型材料的尝试，势必极大减少施工对环境的污染，经济效益可观。

中铁建设集团不仅利用自身的技术实力和管理优势践行"四个建造"理念，而且有针对性地提出了"七高一低""五个一""三快一好"的定位目标，力争把北京朝阳站打造成为新时代精品智能站房示范工程。

"七高一低"的管理目标就是：展示标准要高，信息化水平要高，建造技术要高，人才素质要高，质量标准要高，攻关处理要高，优化水平要高，资源消耗要低。"五个一"的管理定位就是建造一座精品站房，总结一批技术成果，培养一批干部人才，创造一大社会效益，塑造一个良好形象。"三快一好"的管理宗旨就是进场速度快，施工进度快，项目策划快，施工质量好。

高标准的定位，是中铁建设人十余年来孜孜以求、追求卓越的目标，更是对建好新时代精品智能客站的使命担当，在这里，将开启新时代精品智能客站建设新篇章。

★

战
星
火

898 个日夜，18.3 万平方米的土地，246 名管理精英，数千名一线"战士"。

从一片废墟，到拔地而起，他们用自己的智慧和汗水，建造一座精品客站，打通一个个追梦人的圆梦之路。

面对紧张的工期，他们调拨时间的倒计时，胼手胝足，在五大重要节点的"表盘"里奋力奔跑；面对多项全国首例的新技术，他们以专业的精神，迎难而上，层层"解锁"；面对酷暑寒天、疾风骤雨，他们勇于奉献、无所畏惧；面对疫情的冲击，他们忙而不乱、紧张有序……

奋斗是幸福的，奋斗也是艰辛的，没有艰辛就不是真正的奋斗。而奋斗精神之所以可贵，就在于越是面对困难和矛盾，越能激发出非凡的力量。

在这里，有亲情，多少对亲人一起奋斗在这个光辉站房！

在这里，有友情，相伴走过的都是一起拼杀出来的战友！

在这里，有喜悦，每当节点完成多少人流下激动的泪水！

在这里，有传承，新铁兵在战斗中接过了老铁道兵的枪！

功不唐捐，时间是最客观的见证者，他们写下一首首奋斗的赞歌……

"召之即来，来之能战"，星火初燃

2018 年 8 月 1 日，刚刚被任命为北京朝阳站项目副总工程师的刘洋洋收拾好行装，登上了从柳州前往北京的列车。

眼睛望着车窗外流动的景色，刘洋洋的心却已经提前飞到了北京那块期待的战场。面对一项体量如此庞大、工期如此紧张的高铁站房工程，即使经历过包括国内既有线改造里程碑工程的柳州站房等战斗的洗礼，他的心中也不免会有些许紧张。

"干这么大的工程，亿万东北人民都在翘首期盼，我一开始心里的确没底，但是，当我看到北京朝阳站项目成员名单时我的心就定了，这次可以说汇集了中铁建设集团最优秀的高铁站房的建设者，大家在一起，我相信什么工程都能够顺利拿下！"刘洋洋回首当初，不禁感叹北京朝阳站有如此"豪华"的团队阵容：

王伟，北京朝阳站项目负责人，经历过厦门北站、长春站改等一系列高铁站房工程，他作为项目负责人建设的合肥南站荣获中国建筑行业工程质量最高荣誉鲁班奖；

刘彦涛，北京朝阳站项目党支部书记，原中铁建设集团装饰公司金牌

⌃ 这个时代，需要优秀的人来建设（扫描二维码观看）

项目负责人；

蒋亚铭、宋作良、张健，均为北京朝阳站项目副经理，是中铁建设集团响当当的人物，他们都是经历过多次大战考验、获得多项荣誉工程的优秀项目负责人。

能加入这样优秀的团队历练自己，1991 年出生的刘洋洋倍感荣幸。但是，施工之初，一个个困难就接踵而至，这也是他没有想到的。从搭建临时设施保障办公、住宿需要，到接水、接电……都需要自己动手。刘洋洋却在磨砺中感受到了团队的力量，经过一个多月时间，办公区变得整洁有序、生活区变得宽敞明亮。

考虑到北京朝阳站工期紧、任务重，项目团队跑步进场、周密策划，先后向国内多座优秀站房学习取经，并实地观摩学习其做法，在短短一个月内即完成了与甲方、监理、设计、建委、地方政府等 17 家单位的对接，同时积极协助甲方完成场区内征地拆迁工作。

"项目团队进场之后，我们面对最重要的问题还是如何实现高效管理。现场的工人、机械、物资，专业协调、工序节点等，对我们整体策划、应变能力都提出了非常高的要求。"面对复杂的情况，宋作良思路清晰，紧抓关键。他和刘洋洋在详细了解各位同事的岗位特长后，结合项目情况，共同编制了项目部各部门的岗位职责，并有针对性地对每个人进行了分工。同时，为了后期更加科学有效地进行施工统筹管理，进场一个月后，在项目负责人王伟的带动下，北京朝阳站"156智慧建造管理平台"也开始了自主研发工作。

经过进场初期的征地拆迁工作，项目团队逐渐适应了当前工作节奏，技术、工程、安全、物资、商务、办公室各部门成员之间配合变得更加默契，这个由一百多人构成的庞大项目管理团队开始了稳健的运转。

人员到场，职责分明，保障到位，从前期的初战阶段就开始紧张起来。

何魁是北京朝阳站项目的一位技术员，刚开工的一段时间，他的主要任务是指挥施工人员平整土地、开挖深基坑、做围挡，工作繁杂而忙碌。每天他都几乎奔走在工地、办公室两点一线间，甚至吃饭都是打回来在工位上边看图纸边吃。1986年出生的他来到这里之前，是西北分公司一位项目总工程师，编写施工方案、记录原始数据、现场指挥施工等这些流程早已烂熟于心，而到了这里他变成了求学若渴的"新兵蛋子"。

"我工作多年，但是以前没有参与过铁路站房建设，这次是以'求学'的心态来到北京朝阳站项目的，毕竟房建工程和高铁站房是有很大区别的，

⌃ 项目团队在临时办公室召开项目首次主要领导会议

而且高铁站房建设的难度更大、相关要求也更加严格，我希望能通过自己的勤奋和努力尽快成长起来，为北京朝阳站建设出一份力，在高铁站房建设领域也能够独当一面。"何魁说。

这位 30 多岁的高铁新兵，每天都勤勤恳恳，制定技术交底、协调现场深基坑施工、亲自为 20 多台塔吊定位，每一项工作都干得漂漂亮亮。这背后离不开他干每项工作之前都查阅大量资料，结合自己的经验做出方案，并且虚心向有丰富高铁站房建设经验的同事虚心请教，恳请对方帮忙指出问题，随后改正并形成学习记录。在工程刚刚起步的几个月内，光是他手写的记录就足足有两大厚本。虚心的态度加上深厚的技术功底，让何魁很快成长起来，不到一年时间，他就被升任北京朝阳站项目工程技术部

▲ 北京朝阳站首桩开钻

副部长，成为高铁站房技术领域的一把好手。当下，何魁已经回到曾经的西北公司，在中兰铁路站房项目任项目负责人，成为西北公司站房领域的骨干力量。

潜心求学的不止何魁一人，曾任北京分公司投标中心副部长的潘卫东、西北分公司项目副经理兼项目总工程师的王晓峰，都来到北京朝阳站项目，从最基础的技术员做起，而且一干就是两年多时间。随着北京朝阳站的建设，一大批新的高铁站房建设骨干人才也逐渐成长起来。

誓师大会上的誓言

2018年12月6日，对北京朝阳站的建设者来讲，这是一个值得铭记的日子。

北京迎来今年入冬以来最冷的一天。身处室外，六七级寒风瞬间就能让厚重的棉服毫无抵抗力，让人面如刀割，冰冷钻心。但是此时，在北京朝阳站的施工现场上，一场主题为"披星戴月战京沈，星火燎原耀四方"的誓师大会正在这里举行。

12支青年突击队，300余名青年突击队员，用壮志唤起了寒冷冬日里的暖阳，奋斗的热情驱散了冬日的寒冷。

在仪式上，中铁建设集团基础设施事业部总经理李宏伟做誓师动员，慷慨激昂地喊出建设者们心中共同的愿望——誓要将北京朝阳站打造成新时代精品智能客站！

中铁建设集团团委书记李雅丹宣读了《关于成立王伟等7支项目青年突击队、张训军等5支作业战斗青年突击队的决定》。12支青年突击队代表在队长王伟的带领下纷纷接过队旗，虽然双手早已冻得通红，仍于仪式台上奋力挥舞，对抗着凛冽的寒风。

台上，队旗发出猎猎之声；台下，青年突击队员们右手握拳，神情坚毅，庄严地宣誓：

不忘初心，砥砺前行！

高标定位，强化组织！

保障安全，严控质量！

拼搏奉献，岗位建功！

智能建造，实现精品！

决战星火，再创辉煌！

一时间，人声、风声、旌旗招展声、不远处挖掘机的轰鸣声交织在一起，此时，每一位誓师大会的参与者、见证者，都被眼前的一幕所震撼。

中国铁路北京局集团有限公司建设处主任兼地下直径线项目管理部主任郑雨被中铁建设集团的参建者们所表现出的热情所感动，他发自内心地鼓励项目团队：北京朝阳站的建设者们使命光荣、责任重大，项目部要周密策划、科学组织，高标准、高效率、高质量地完成建设任务，相信中铁建设人一定能够取得这场战斗的胜利！

仪式上，时任中铁建设总经理、党委副书记梅洪亮代表集团公司向奋战在一线的项目管理人员和工人师傅们致以敬意，并对北京朝阳站项目部提出了具体要求和期望。他指出，项目团队要以信息化、建筑信息模型（BIM）技术引领工程管控，打造具有自身特色的精品智能客站，助推中铁建设集团占据行业的领军地位。

⌃誓师大会上青年突击队授旗仪式

听了梅洪亮的嘱托，作为北京朝阳站项目负责人、身兼突击队长的王伟下定决心：不论遇到任何困难，都必须顽强拼搏，把它拿下来！和他同样想法的，还有其他 11 个突击队长和队员们。

要说起中铁建设集团的青年突击队来，在集团公司 40 余年的光辉发展历程中可谓相当出名，因为在多次重大战斗任务中都发挥了关键作用。他们最大的特点是充分发扬"特别能吃苦、特别能战斗"的铁道兵精神，没有什么困难能够阻挡他们的脚步。尤其是在哈尔滨西站、厦门北站、昆明南站、贵阳北站等一大批急难险重的"战斗"中，青年突击队敢打敢拼，为项目履约、公司发展立下了赫赫战功。在甲方眼中，中铁建设集团的青年突击队，几乎等同于高质量的代名词。

北京朝阳站作为京哈高铁的始发站，不仅是北京七大交通枢纽的主要组成部分，更是我国"十三五"规划中的重要基础设施和振兴东北三省的重要纽带，战略意义重大，而这个项目也正是青年突击队带头冲锋、拼搏作战、建功立业的大好机会。

誓师大会落下帷幕，突击队的任务才刚刚展开，迎接他们的将是前所未有的挑战！

快速"一步过渡"

时间来到 2019 年 3 月下旬，誓师大会上的誓言犹在耳畔，北京朝阳站的建设者们投入更加忙碌的施工中，王伟和整个项目部，也遇到了入场以来第一个巨大考验——三个月后，即将迎来"一步过渡"节点。

由于前期遇到春节期间土方外运受阻、现场场地狭小等诸多不利因素，施工受到一定影响，然而现在必须加快节奏，力保"一步过渡"节点的实现，否则将严重影响既有线路施工作业，还有最后的线路开通运营，甚至还会影响公司的荣誉。

目前项目现场主要是做基坑支护、土方工程，之后是垫层施工和验槽等常规工序。思路很清晰，重要的是施工如何按时达成。作为一个具有丰富经验的项目负责人，王伟有条不紊地推动制订和实施施工计划。项目由各专业负责人、技术主管们一起讨论，确定小节点工期、人员机械配备计划和专业穿插配合计划，并且大家把一切可能遇到的难点都提前考虑到，确保按时、保质完成这个重要施工节点任务。

在施工中，将站房 B-D 轴线区域作为施工主线，将现场划分为"1、2、4""3、5、6"两个管理分区，按照区域设定技术质量、安全文明、工期

▲ 挑灯夜战"一步过渡"拨线节点

管理目标。同时，根据项目实施特点，设立"工期进度""安全文明""技术质量""资金成本"四个子团队。在冲刺阶段，每个领导班子成员落实一个团队任务，保证项目工期目标完成。

现场施工紧张而有序，施工人数不断增加，高峰期 2800 人齐上阵，200 台机械昼夜不停。

每天王伟都穿着工作服，套好反光背心，戴着红色安全帽，穿梭在工地的各个角落检查、督导。他清楚地知道：工程是干出来的，除了精密的计划，更要踏实地落实，在紧抓进度的同时，质量和安全更不容忽视。

"虽然工期非常紧张，但是我们同时必须把好安全和质量关。全员都要担当安全员和质检员的角色，在现场检查到的工程质量、安全问题，随时都要进行报告和处理，不能因为任何借口而得过且过，我们要齐心协力把北京朝阳站打造成精品工程！"王伟这样要求项目人员。

为确保"一步过渡"节点工期，钢骨柱安装只有交叉穿插作业，才能节约更多的时间，从而为后续主体结构施工创造施工条件。身为钢结构技术员的汪韦韦，白天在现场盯着钢骨柱安装的施工区域，提前与主体结构班组沟通协商，并及时掌握混凝土强度试验结果及钢柱材料、吊车进场时间，晚上加班加点地研究钢柱吊装方案，一刻也不敢松懈。4月27日晚上，下着小雨，为了提前给三家主体结构队伍创造作业面，汪韦韦连夜现场指挥安装9根钢柱共计139吨，将原本计划两天安装作业量一晚上冒着雨干完，为节点的完成节省了时间。

时间越来越近，6月23日，刘彦涛站在轨道工作面上心急如焚。按照最新要求，原定在6月30日的节点工期又要提前两天完成，这为本已经很紧张的任务又增加了难度。他焦急地奔走在一个个重点工作面，心里盘算着最大容纳施工人数和机械数量。一不小心，他的右脚踩在水泥钉上，钉子穿过鞋底，直扎进他的脚板心，当即鲜血直流。施工队人员看到后，赶紧跑过来，扶着他坐下，脱下他的鞋子对着脚板心一阵猛拍，直到把伤口肉里的污血拍干净。刘彦涛咧着嘴开玩笑说："平时管你们那么严，这一顿猛拍可算解气了吧？"引得工人们一阵大笑。

虽然脚受了伤，但是刘彦涛没有因伤休息一天，只去医院打了一针破伤风针就回来，拐着脚到现场继续指挥战斗。"我这点小伤不算什么，现在是关键时期，不能因为任何原因影响工期。"有人劝他多休息时，刘彦涛这样说。

正是因为有许多这样的拼命三郎，总是把自己"钉"在现场，才保证了北京朝阳站轨道作业面任务按计划快速推进。

6月28日，当清晨第一趟试运行列车缓缓穿过北京朝阳站，也意味着三条既有铁路线顺利拨入站房，"一步过渡"任务圆满完成。

此时，泪光泛在王伟的眼眶，为了这一刻，他既要布置任务、又要现场督导协调，已经连续多个夜晚没有睡个好觉了。

"别激动，接下来的任务还多着呢！"刘彦涛在旁边笑道。

"你还说我？小心你的脚吧。"王伟也笑了。

攻坚克难，打造"钢铁丛林"

2020 年 5 月 30 日，阳光照在身上已经有些灼热。上午 10 时 28 分，随着最后一根长 13.5 米、重 10.8 吨的钢结构杆件在 37 米高空完成合龙，代表着北京朝阳站主体结构顺利封顶，为后续金属屋面施工打下坚实基础。

"能给我们讲讲钢结构施工的难点吗？"

"疫情对你们施工影响大吗？"

当天，中铁建设集团组织了以"决胜小康 奋斗有我——走进新时代高铁工地 见证北京朝阳站主体结构封顶"为主题的"国企开放日"活动，现场人头攒动，包括国务院国资委宣传局、中国铁路北京局集团有限公司、中国铁建、中铁建设集团、市民代表等 100 余人及人民日报、新华社、中央电视台等 30 余家主流媒体共同见证了这一时刻，也为北京朝阳站项目记录下浓墨重彩的一笔。

北京朝阳站钢结构屋面整体重量约 0.9 万吨，杆件种类达 8000 多种，焊缝连在一起的长度达 20000 余米，最大焊缝厚度达 120 毫米，在国内大型站房建设中都极为罕见。如此大体量、复杂的工程，完成的过程也非常艰难。

深夜，北京朝阳站项目部会议室内灯火通明。为了将此庞然大物安全、精确地提升到高空中，王伟带领项目部钢结构团队对高空散装或高空原位拼装等方案进行详细的论证，讨论非常激烈。

"采用高空拼装，对场地要求高，施工难度太大。"

"这样干，工期没办法保证，作业面也实现不了。"

"安全风险太高，必须增加人手。"

▽ 北京朝阳站项目在春节期间不停工，钢结构合龙现场全景

经过激烈的思想碰撞，结合现场实际情况，最终他们决定采取装配式做法，将鱼腹式屋盖桁架划分为单元，再将单元分解成单片，最后采取"拼装对接 + 分级提升"法施工，从而解决了钢结构施工的种种难题。

"我们采取'3+1'分区施工法，将钢结构分为四个区域分别施工。"王伟介绍道。三个区域在地面完成焊接后整体提升，一个区域施工后滑移至指定位置，四个独立区域可根据现场工作面情况灵活施工，同时，大量高空作业放到了地面进行也大大降低了安全风险。

项目部钢结构团队对不同规格的杆件，通过大量实验和计算，确定每根杆件的焊接收缩量，把环境、人为等因素可能造成的影响考虑到其中，在拼装前通过 BIM 对钢桁架屋盖的结构进行三维建模，把大型钢结构整体提升过程先在电脑上模拟演练，把实际施工中可能遭遇的 50 多处"瑕疵"逐一更正，并在施工现场通过控制线和定位点，确保让每一根杆件可以拼装到精确的位置。

"2540 吨的钢结构屋盖一次性提升仅需要 17 小时，施工效率较传统作业提升了数倍，且误差控制在正负 2 毫米以内。"项目钢结构技术员蒋谭伟面露喜色地介绍道。

"这就是这条焊缝的'出生证明'。"项目总工程师李进指着一条钢结构焊缝旁的字迹说道。在北京朝阳站项目，钢结构团队要求每一位工人在自己完成的焊缝旁签下名字，现场类似这样的签名多达 12000 个，这样的举措保证了每条焊缝质量管控到人、全程可追溯。在超声波自检和第三方检测中，北京朝阳站焊缝一次探伤合格率达 99% 以上。

钢结构屋盖完成后，接下来团队再次面临新的挑战——32 根双倾斜梭形斜柱的安装。

"若采用传统顺序安装施工，超长超重梭形斜柱顶部无安全可靠固定措施，安装精度偏差会很大，"项目钢结构负责人汪韦韦介绍道："屋盖桁架在地面拼接组装与梭形斜柱部位重叠需要占据大量空间，部分管构件无法同步拼装，需要后期在高空散装。"

经过钢结构团队的分析与试验，最终决定采用逆作业施工法，先进行

⌃ 钢结构合龙现场

钢结构屋盖管桁架顶部施工，后进行梭形斜柱与柱顶、柱底铸钢件合龙安装。"这样有效解决了狭小场地空间下大型铸钢节点、梭形斜柱的安装难题，大大缩短了施工周期。"汪韦韦将逆作业施工法的好处娓娓道来。

两台汽车吊将长 19 米、重 28.4 吨的梭形斜柱同步抬吊到离地 28.7 米的屋盖铸钢件部位，斜柱顶部铸钢件安装精度高，偏差要严格控制在 2°以内。斜柱安装完成后，两名专业焊工要趴在 10 层楼高的斜柱上进行同步对称焊接，历时 4 天，累计消耗 180 公斤的焊丝量完成斜柱焊接。

进场两年来，北京朝阳站项目管理人员大多连续两年主动放弃春节休假，2000 多名工人现场作业，抢回了宝贵的 18 天工期，为后续施工奠定坚实基础。

科技赋能，为施工助力

北京朝阳站施工现场，两台塔吊臂正在向对方方向旋转。"塔吊臂距离如果小于 2 米，系统将自动预警，并紧急制动。"项目负责人王伟在手机上用中铁建设集团自主研发的"156 智慧建造管理平台"全程监控塔吊运作情况并介绍道。这是中铁建设集团北京朝阳站项目打造新时代智能高铁客站的其中一项应用。

在项目部多功能厅内，"156 智慧建造管理平台"大屏端映入眼帘。"北京朝阳站主体结构封顶最大的难点是钢结构屋盖网架提升，为将面积 4.5 万平方米、重达 6300 吨的钢结构屋盖桁架精确提升到离地 37 米的高空，我们在'156 智慧建造管理平台'上已经进行了多次'仿真模拟'，极大地规避了施工风险。"项目总工程师李进向众人介绍。李进介绍道："如果当日有混凝土车进入现场，地磅计量重量后会直接生成二维码，数据直接进入'156 智慧建造管理平台'，如需追溯该数据，只要点击当天日期即可。"

"156 智慧建造管理平台"是一个整合了物联监测和智能化管理的智能建造平台，以"1 个平台、5 大终端、6 智融合、BIM+GIS 集成、全业务综合应用"为核心框架，紧密围绕工程建设的施工管理，通过智能进度、智能劳务、智能物料、智能场区、智能监控、智能调度六大智能场景，进行空间数据和时间维度信息的多方位一体化整合，实现数据的统一接入、统一管理和统一应用，平台的应用有效提升了项目管理水平。

"从进场之初我们就开始筹划，怎样以智能为抓手，全面提升项目管理水平。"王伟回顾着开发"156智慧建造管理平台"的初衷。在北京朝阳站深化设计和实践中，紧紧围绕建筑施工现场关键因素，植入智能、高效、绿色、精益理念，采用先进的高科技信息化处理技术，让平台在现场智慧监控中发挥巨大作用。

提到"156智慧建造管理平台"的开发和使用，最高兴的当属项目管理人员。"平台上每天都有工程进度显示，更设置了'节点爆灯'。'绿色'表示正常，'灰色'等于尚未开工，'黄色'预警可能滞后，'红色'则意味着已滞后，实时跟踪工程进度的功能对项目保障工期可谓如虎添翼。"项目部信息部负责人张少南介绍道。项目管理人员看到"黄色"预警后即对该部分施工内容进行跟踪，采取有效措施提升施工进度。如发现"红色"爆灯，将立即查找原因，制订方案帮助该项施工内容加快进度。

"156智慧建造管理平台"不只对工期有保障，在安全管理方面也立下大功。

北京朝阳站地处北京市五环内，施工场地有限，施工作业区域内存在铁路营业线施工内容，后期钢结构、二次结构、机电安装、装饰装修等工序同时立体交叉作业，在高峰期有13台塔吊同时作业，交叉作业引起碰撞

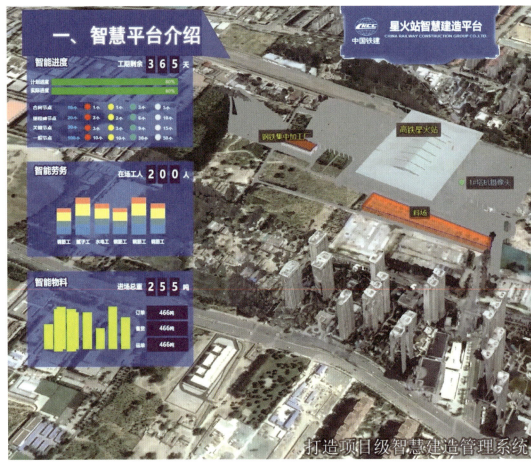

"156 智慧建造管理平台"系统大屏端展示

的隐患极大。"156 智慧建造管理平台"对现场重大危险源、安全隐患、大型机械设备等进行实时监测方面发挥了重要作用。

现场作业人员高峰期多达 2800 余人，200 多台机械昼夜不停运转。系统可以智能监测各机械之间的运行状态，在发生碰撞前，自动预警、自动紧急制动，有效避免了安全事故的发生。

更值得一提的是，在2020年的新冠肺炎疫情防控中，"156智慧建造管理平台"中的智慧劳务功能也立下大功。

北京朝阳站项目部利用平台，为每名工人生成个人信息二维码，通过扫描安全帽上粘贴的二维码，可轻松掌握工人的详细信息。

"看，扫一扫就能显示我的个人信息和健康情况了。"现场工人师傅开心地展示着。

"掌握信息只是初步，我们还通过实名制通道验证，有效掌握每天劳务用工人数、出勤情况。"项目党支部书记刘彦涛介绍道。

在疫情期间，北京朝阳站项目部充分运用"156智慧建造管理平台"远程管理优势，通过每天实名制通道刷脸验证，有效掌握2000多名劳务人员人数、出勤情况及健康状况。

"不仅全体管理人员无一人感染，劳务人员、供应商等相关合作方也实现了零感染。"刘彦涛说道。

相比以往的工程行业智能管理系统，"156智慧建造管理平台"实现了迭代升级，管理着项目进行中的各个环节，尤其面对疫情经受住了考验，保障了项目科学有序地进行。

"156智慧建造管理平台"已与中国铁道科学研究院铁路工程信息系统平台对接，实现了数据一次填报、多端应用。"站房所有建造资料全部以三维信息呈现，不仅方便今后的运营维护，更为中国高铁建设留下了宝贵的数据财富和智慧资产。"项目总工程师李进说道。

"城市客厅"初具雏形

2020 年 7 月，随着工程的快速推进，又有十余名多年征战在高铁站房领域的装饰专业精英加入项目管理团队，他们深入贯彻"精心、精细、精致、精品"理念，全面落实北京朝阳站"城市客厅"新目标，突出展现了中铁建设集团参与新基建工程，进行智能、生态设计的硬核实力。

为实现"9·30"站房外立面节点工期，装饰团队从抓实"三项策划"入手，根据工程通车节点倒排工期，向各节点目标有序组织发起冲刺。

"时间非常紧张，但我们呈现最佳展示效果的目标不能动摇。"北京朝阳站装饰总工程师王周说。

常驻现场的 5 人深化设计小组，全面展开室内外装修深化设计工作，他们牢记把北京朝阳站打造成"城市客厅"的目标，充分分析旅客需求，把它们体现在方案中。

16 项技术优化方案、13 项专项深化实施方案、27 项细部工艺做法实施方案，12 处装修样板，历经 3 次大的方案调整，他们真正把温馨藏在了细节里。尤其在对高架候车大厅吊顶方案优化过程中，单就铝方通吊顶与钢结构下弦杆部位的处理上就细化了 5 版方案，每个细节部位都要经过数次的尺寸推敲比对，真正把细节比例控制到了极致。

然而更高的艺术追求，同时也给施工带来了高难度的挑战。

"稍微再斜一下。"

"好，推！"

吊、落、推，不到一个小时，4名安装工人就将一块750公斤重的玻璃幕墙成功嵌入凹槽内。谁能想到，这个重量接近一辆小客车的玻璃竟是由1米宽、6米高、承重仅1吨的"迷你版"小吊车吊装完成的，且每两块玻璃之间的安装精度均控制在正负1毫米以内。这在半个月前，他们想都不敢想。

高6米、宽1.075米、重达750公斤，北京朝阳站折线玻璃幕墙单块玻璃的高度和重量均创下国内站房外幕墙之最，但要将486块这样细长的重型玻璃以90°折面的方式拼起来，这让装饰装修团队从一开始就犯了难。

由于室外仅有一条6米宽的施工道路，末端还连接着输入材料的地下坡道，如果采用传统的大型汽车吊安装，势必会拦截进出物料的车辆，影响整体施工进度。最初项目人员提议使用电动吸盘在不影响室外车辆通过的前提下完成吊装。但这种做法在第一次尝试时便"夭折"了。

"站房室内的高度有限，加之过重的玻璃会加大电动吸盘的不稳定性，我们用一上午只装上了一块。"项目副经理许斌看着这样的效率，心里越发着急。

两次的尝试失败后，许斌提议就地取材，自制小型吊车。"其实要求并不高，能在室内将玻璃吊起来，让工人们灵活安装就行，我们组装的小型吊车刚好满足这些条件。"拥有 9 年幕墙装饰经验、参建过获得国家优质工程奖工程黄山北站的许斌，很快找到了问题的关键。凭借着多年的施工经验，他带领团队，在工程、技术人员的协作下，反复推敲实施方案，最终利用现场的钢龙骨、钢丝绳、车轮、电动卷扬机等材料，自主研制了两台可垂直提升的迷你吊车，不仅解决了在狭小空间内实现玻璃垂直提升及倒运问题，同时也兼顾玻璃多方向角度旋转调整问题，将玻璃一次性安装到位。正是因为这个"发明"，东立面玻璃幕墙自吊装到全部安装结束整个过程仅用时 20 天。

为打造新时代精品站房幕墙工程，中铁建设团队还在工艺上主动创新，化繁为简。在陶土板基层龙骨安装时，他们采用新型鱼刺式龙骨，通过工厂化预制加工，在保证施工质量的前提下极大提高了施工效率。

北京朝阳站的面积相当于 25 个半标准足球场的大小，室内照明成为施工建设的一大重点。

走在北京朝阳站的站台上，可以看到光从藻井式吊顶照射下来，但仔细看就会发现，这些照明系统居然没有灯泡！

"我们在站台区选用了日光照明，阳光通过采光罩过滤掉对人有伤害的红外线，再均匀漫射下来，让乘客在等车的时候也可以享受到健康的'日光浴'，同时此措施能够降低日间电气照明能耗 80%。"谈到站房的绿色温馨设计，项目电气技术主管彭转福一脸自豪。

"实际上 226 套日光照明系统是与普通照明回路进行了连接互补，共

东立面幕墙安装剪影

同为站台层提供照明。我们现在看站台灯非常整齐、美观,充满艺术感,但是当时装的时候真的很不容易。"负责日光照明系统安装的电气主管姜振华介绍道。

2020年10月末,站房全面亮相前夕,正值各专业交叉作业大干时期,现场226套采光罩安装工作已完成过半。然而就在这个关键时期,正在指挥采光罩安装的姜振华发现,因雨棚上部分采光罩排列形式不同,会影响下面站台层日光灯的位置,需要与装饰团队合作才能呈现完美的视觉效果。他知道装饰团队现在也特别忙,但还是硬着头皮去找王周。

"分专业但不分责任,我们全力配合!"听到灯具安装遇到了难题,王周二话没说,直接表明了支持的态度,这让姜振华的心头一阵暖意。

2020年11月初,在设备与装饰团队通力合作下,226套没有灯泡的照明系统均"无缝"安装完成,并很快投入使用。在全站灯光被点亮的一瞬间,整个建筑仿佛拥有了生命。

联调联试顺利通过

"大家的目标只有一个，全力通过联调联试。京哈高铁即将全线通车，在联调联试环节决不能在我们北京朝阳站挡道。"2020年9月初，项目负责人王伟在联调联试动员会上强调。

北京朝阳站建设就像是在打一场硬战，达成了"一步过渡"，完成了复工复产，实现了枢纽贯通，接下来又是9月底的联调联试。为了达到联调联试条件，项目部要完成站台轨道层所有装饰装修及机电安装工作，同时还要保证西子站房、高架层以及地下等区域的结构、机电、装饰装修主体工作基本完成。距离最终的通车运营时间只剩下100多天，时间紧迫，多项工作必须交叉进行，齐步推动。

每天下午5点半，王伟都要召开站台进度协调会，沟通项目下属设备、装饰等专业汇报、核查当天进度情况、遇到的问题、次日的计划。不同方案在此交汇，不同专业直接交流，发现作业交叉点，马上协调解决方案。

北京朝阳站位于北京市五环以内，外地大型设备和材料在晚上12点以后才能进京。为了保证联调联试，短期内有大批物资、材料需要进场。眼前不太紧急的材料还好，可以等到次日早上再找监理验收、卸车，但是遇到施工紧急材料进场，项目部就必须提前安排好质检员、卸车人员，并通知专业监理工程师连夜验收、卸车。张文兵是装饰装修质检主管，在刚进场之初，曾经遇到过材料厂家对材料不够重视，没有随车携带材料检测报告，结果被监理勒令退场的经历。面对这种情况，张文兵没有丝毫抱怨，而是加强了与监理单位、材料厂家的沟通，坚持每一次都严格按照物资进场要求来，并对进场材料质量进行严格的预验收。之后再也没有发生过材料被退场的情况，他还受到专业监理工程师的表扬。本次联调联试节点施工期间，大量的材料深夜进场，但都能够及时报验、

首趟检测列车从北京朝阳站鸣笛发车，京哈高铁京承段正式进入联调联试阶段

卸车，保证了节点施工物资的及时就位。

在施工进行中，由于工期紧、任务重，项目内各专业交叉在所难免，这就到了考验专业配合以及施工组织能力的时候。

"各专业在进出站的楼梯、行包通道等位置施工，都需搭设满堂支架，这无形中增大了我们地面施工的难度，我们必须合理调度、统筹安排。"王周介绍道。

在站台区域进行地面垫层施工时，只有一条通道能进出站台区，这里成为所有施工机械及车辆进出的必经此路，经常从凌晨2点左右就开始出现道路堵塞。面对这种情况，项目部对施工区域和程序进行优化安排，并派专人对来往车辆进行疏导，确保垫层能够正常施工。同时为了尽量缩短工期，站台区管理人员连续奋战，作业人员采取"两班倒"，最高峰人数达到800人，施工高潮不断，进度快速推进。

在装饰装修团队主力抢站台区的时候，机电专业一边抢站台区的灯具安装，一边主做西子站房内和地下室的通风、给排水管道与设备安装。此时，设备和大型管道进入地下室机房的路又因施工被堵，机房内还有大量其他专业施工，机电总工程师王炎波心急如焚——厂家已经加工好消防泵房和制冷机房内的管道、设备，如果不能尽快运来，等到各个通路的门都装好，再想进机房切割、焊接、就位更难了，怎么办？

王炎波和机电团队负责人、技术员一起商讨办法，最后确定尽快推动、利用"BIM+预制化"技术来解决这个问题。王炎波带领水暖技术团队到现场对机房内管道进行位置复核，由集团下属智慧机电产业研发中心派人来现场确定规格尺寸，通知厂家把货直接送到研发中心的加工车间，技术人员在车间下料，并按照设备规格尺寸做好预制连接。在现场进场道路打通之后，这些管道和设备就可以直接送到相应机房，进行现场组装，无须现场进行焊接等操作。这不但节约了现场的人力和操作时间，避免了专业交叉，减少了安全隐患，同时质量也有了较大的提升。

在距离联调联试还有 5 天的时间，装饰装修技术人员突然发现，由于铁路部门多次调整线路，造成部分站台帽石侵线，这给高铁运行带来安全隐患。项目部一边与甲方沟通，一边积极组织调整帽石。管理人员和施工人员每天 24 小时倒班作业，为了节省时间，管理人员经常不回食堂就餐，而是订饭，和劳务人员一起在施工现场吃。

经过 4 天 4 夜的连续作战，各专业站台层工作及时完成，北京朝阳站联调联试也顺利通过。

冲刺！百日会战

2020 年 10 月，距离京哈高铁全线开通运营仅剩下三个多月时间，关键时刻，中铁建设集团吹响了"百日会战"的冲锋号。

倒排工期、挂图作战，项目部制订了周密、紧张的施工计划，要求各个专业团队务必在 2 个月内完成所有现场施工工作，保留一个多月的时间专门做系统调试以及最后细节的调整，力保按计划实现全线通车运营。

目标有了，不容更改。中铁建设专业团队根据实际情况，立即统计所有剩余物资安排进场，加派管理及施工人员入场，现场加强防疫措施，整个项目都进入决战状态。

为了保证百日会战节点目标的实现，负责工程总协调的项目负责人王伟几乎没有睡过一个囫囵觉，尤其在站台施工的天窗期，王伟带着机电、装饰装修等专业负责人几乎每天都泡在施工现场，指挥、协调现场工作。

整个施工现场就像一个精密的仪器，每一步都提前安排好，有任何困难大家都立刻想办法解决，尽最大努力保障了现场施工任务按期完成。

装饰装修施工大部分工作量都在最后的几个月，并且很多现场装修工作都要依赖于其他专业移交工作面，涉及大量的专业协调工作，留给他们的时间更加紧张。另外，部分室内区域装修风格、装修元素还没有最后确定，他们必须紧追设计单位和甲方，尽快确定方案，及时采购装饰材料，进行现场施工。装饰专业负责人崔凯协调增派本专业技术人员，并加大施工人员数量，最多的时候装饰装修专业现场工人达 2000 多名。

时至 12 月，北京朝阳站建设进入最终的功能系统集中调试及收边收口阶段。对于机电团队来讲，系统调试工作是对之前近两年施工质量的一个集中检验，前期施工质量好，就可以缩短调试时间；前期如有任何疏漏，就可能导致系统调试运行失败。

12 月 20 日，市政热水管网接入，如果相关系统联合调试顺利通过，那么北京朝阳站年前开通将迈出重要一步。然而，即使具有 8 年机电施工

⌃ 抢抓天窗点施工

管理经验的机电专业总工程师王炎波，也不敢掉以轻心，因为如此多的系统管道，如此长的施工工期，谁也不敢保证所有系统管道都不出现问题。王炎波带领暖通、空调、采暖技术负责人、质检员，以及主要设备厂家技术人员，奋战 24 小时，完成了北京朝阳站室内地板采暖系统、组空系统、风机盘管系统带热循环调试，运行全程管道无漏点，为北京朝阳站供暖奠定了良好基础。

然而，这还只是开端。王炎波接下来又带领技术与施工人员检查全站 10 余万平方米区域，保证每一条空调、采暖、给排水、消防等专业管道畅通、严密，不能遗留一个露点。由于工期较长、个别狭小区域环境潮湿，有管道支吊架返锈情况。技术人员对每一处问题都做好详细记录，及时发现，及时解决，绝不因为旅客看不到而含糊过关。

半个月时间，他们完成了 791 台风机盘管，89 台空调机组和 27 万米空调水管路的供暖调试工作，以及全部消防、给排水系统调试工作。他们将每天的时间压缩到了极致，也将自己的"吃苦精神"发挥到了极致。

2021 年 1 月 17 日晚上，在北京朝阳站保开通专题协调会上，王伟传达了国铁集团及中铁建设集团关于保障北京朝阳站开通运营的最新要求，结构、机电、装饰等团队分别汇报了当天销项情况，并对之后几天需要解决的事项、存在困难及落实措施进行汇报，项目总工程师李进对保开通存在的问题当场协调安排，并督促落实。

开通在即，每个专业的主要工作都已经完成，剩下的都是细部问题，大家此时共同的目标就是齐心协力，到 1 月 22 号让北京朝阳站以最优的状态呈现给旅客。

为了方便站内旅客，项目人员对车站内所有静态标识进行全面排查，按照国铁集团标准，对于表述不清、表述错误、位置不准确的标识，及时进行更换，确保旅客第一时间找到自己想要去的地方。在地下通廊，由于连接多个停车场、候车厅、进站口，此地的标识文字内容、位置、方向最易混淆，机电技术主管李阳现场一个个拍照、核对、处理，确保万无一失。

为了保证候车大厅及各个功能区域、房间内温度、湿度、风力效果最佳，负责暖通专业的技术主管李欢乐带领质检员、施工人员，搬着梯子，每天都要走遍车站各个角落，亲自体验和仪表测量区域温湿度与风力，与综合控制室核对区域数据，并调整每一片风口页片朝向，力保新风均匀吹下。

为了让旅客有最好的出行体验，项目力保站内不留一处卫生死角和装修瑕疵。装饰专业总工程师王周亲自布置通车前的保障工作，派专人负责卫生保洁，进行站内线条维修，检查和补充安全区域的隔断，维修地面和墙面破损。候车厅服务岛标识以及出站层《北京印象》壁画在线路开通前才最终确定，王周又带领技术人员在现场配合施工，通宵达旦赶工，迎接全线贯通！

★『疫』星火

新春佳节，是中国人阖家团圆、喜庆热闹的节日。

2020 年庚子鼠年的春节，全国上下被突如其来的疫情按下暂停键。

北京朝阳站的建设者们脚步一刻未停，用他们的奋斗精神跨过一道道鸿沟，犹如一颗枯枝上的嫩芽，为度过冬天迎接春天带来生机。

"生活区封闭网格化管理"、"现场蓝黄视觉识别系统"、"多人体温检测智能系统"、"智能劳务系统"、"点对点"接农民工返岗、下车即核酸检测……每一次尝试都是一次探索，每一次成功的探索都是为施工企业成功复工复产积累经验、做出典范，激活建筑企业"春耕活水"，成为央企战"疫"复工达产典范。

在特殊时期，中铁建设北京朝阳站的建设者们不畏艰险、勇挑重担，用实际行动体现了大国重器的责任担当，为中国经济"引擎"加注动力，为决胜之年的攻坚战汇聚力量。

在疫情常态化背景下，"基建狂魔"们发挥经验优势，进一步聚焦目标任务，精准施策，用"坚持两手抓，夺取双胜利"的决心与态度迅速吹响施工大干号角，掀起施工大干热潮。

立足新时代，面对新挑战，北京朝阳站的建设者们逆行出征，始终保持特别能战斗的精神，不懈地推进建设速度，决战决胜每一个艰难战役，保证工程高质量交付。

星火战"疫" 共克时艰

隆冬时节寒意正浓，一场突如其来的新冠肺炎疫情打破了新年的喧嚣，面对这场没有硝烟的战争，全国上下同心战"疫"，各行各业也都用自己不同的方式，打好疫情防控阻击战。北京朝阳站项目部率先吹响冲锋号，为防疫及复工复产按下启动键、加速键，为保障京哈高铁顺利开通作出贡献。

春节战"疫"不停工

2020 年新春佳节，正值新冠肺炎疫情暴发期，北京朝阳站施工现场一刻未停，钢结构区域一派繁忙景象，他们已经连续第二个春节不停工。

北京朝阳站工程体量庞大、工艺复杂，施工组织难度大，建设工期紧，为保障后期施工条件，项目部抢抓一切时间保障钢结构施工。

疫情发生后，项目部管理人员迅速组成防疫管理小组，制定详细的防控方案，并及时购置防护口罩、药品、测温仪、消毒液等防疫物资，疫情防控刻不容缓，现场施工也一刻不能停。

面对无经验可循的局面，项目部决心蹚出一条自己的路，为施工企业复工复产做出样板。

项目部对生活区及现场实行全封闭式管理，保安人员 24 小时对出入人员及车辆进行测温、消毒及登记，严格做到"一人一测量，一车一消毒"，并在办公区、生活区、施工现场等重点区域分别设置专职卫生员，全面负责防疫工作，每天进行三次消毒保证消毒无死角，并早晚两次对项目全体人员进行测温并记录台账。

在工人生活区项目部率先探索新方法，把生活区员工宿舍划时间、分区域、分队伍进行封闭式网格化管理。用两栋宿舍楼共 90 间宿舍作为观察区域，施工人员返回后，同村、同行人员按时间分配房间居住观察，减少交叉感染，待 14 天观察期满，无与疫情有关症状后，方可进场施工，并设置两间隔离室，以备有情况及时与其他人员隔离并进行处置。

在即将迎来大批人员返工潮时，项目部提前筹划，安排全部即将返岗人员居家隔离，每天测温并保留体温记录。并使用自主开发的微信程序对其进行防疫和安全知识教育培训考试，利用手机在线答题方式提高大家疫情防护意识，同时也防止现场考试引起交叉感染的风险。

提前介入筹备的还有物资筹备工作。为了应对复工后防疫物资的大量消耗，物资部提前忙碌起来。物资部全员不懈努力，防疫物资一点点、一批批筹备着，为北京朝阳站项目迎接复工潮打下坚实基础，也为全体人员筑牢施工防疫第一道防线。

⚲ 北京朝阳站项目基层党支部书记有话说（扫描二维码观看）

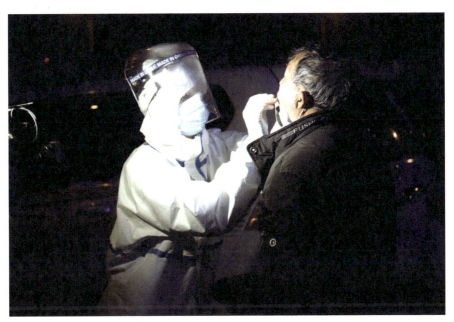

⚲ 对返场务工人员下车即进行核酸检测

▲ 春节项目管理人员众志成城打响疫情防控阻击战

全力以"复",布好防护"网"

"要做好工人返场点到点接送工作,注意车上及时消毒,所有乘坐人员要全程戴口罩并分散乘坐,人与人之间要保持距离。",项目负责人王伟嘱咐着接劳务人员的专车人员。

大量人员从不同地方涌入,如何有效地做好疫情防控?怎样保证大家的健康、安全?项目部开启"服务直通车",采取"点对点"接劳务人员安全有序返京,并及时做核酸检测,为项目部疫情防控定制"双保险",好的做法让北京朝阳站项目在复工中抢占先机。

为方便劳务人员管理,项目部建立了蓝黄视觉识别系统,安全区劳务人员穿黄色马甲,观察区劳务人员穿蓝色马甲,同时每名劳务人员的个人详细信息都登记并录入系统,生成专属二维码贴在安全帽上,通过扫描二维码就能快速了解工人的籍贯、乘坐列车、返岗时间等信息,以此小妙招更好护航现场精准管理,有序、有力、有效地推进疫情期间施工生产。

春回大地,万物勃发。北京朝阳站建设者们在防疫复工期间的优秀做法,也获得了中央电视台、新华社、人民日报等主流媒体争相报道,项目部紧抓施工黄金季节,通过防疫生产两手抓、两不误,全力以"复",布好防护"网",下好复工防疫"一盘棋",成为全民战"疫"央企争先的代表工程。

毫不松懈抓好常态化疫情防控

风险挑战是常态,风雨兼程是必然。在常态化疫情防控期间,北京朝阳站项目凭借慎终如始的心态，思想坚决不放松、行动坚决不放松、措施坚决不放松，着眼常态、注重长效，抓紧抓实抓细各项防控措施。一手坚持防疫，预防危机；一手坚持施工，推进进度。

凭借日常狠抓不懈的疫情防控措施及迅速反应及时摸排的管理手段，确保了项目部平稳渡过，无疫情相关情况发生，同时现场施工大干未受疫情影响，确保工程顺利推进。

2020 年 12 月，北京市朝阳区疾控中心发出通报，经过核酸检测，发现汉庭酒店大山子店发现阳性患者，而项目部距离汉庭酒店大山子店直线距离只有 5 公里。

项目部迅速启动应急机制，对全体员工进行封闭管理，并在办公区、生活区加大消杀工作力度。同时再次组织全员进行核酸检测，并联系相关医疗单位，为全体员工接种疫苗，他们又一次走在了疫情防控工作的前列。

在常态化疫情防控期间，中铁建设北京朝阳站项目部坚持科学管理、规范管理，形成"两手抓"的工作思路，并有序掀起施工高潮，稳步推进施工建设。

★
［展星火］

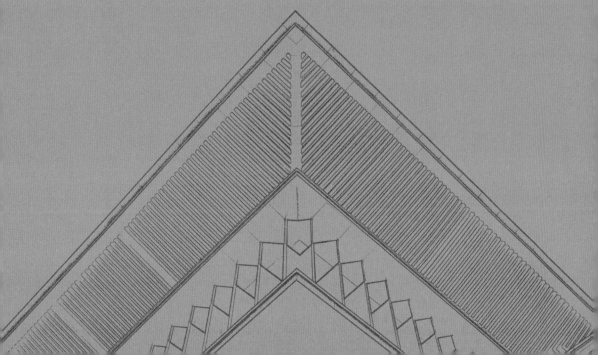

北京市朝阳区东风乡，东四环、五环之间，一座中式重檐庑殿风格的"灰砖金瓦"建筑巍然屹立。

建筑中部以超大折线玻璃幕墙环绕，形似一扇巨型"屏风"。远观韵律规整、纯净凝练，近赏富于变化、熠熠生辉，这就是搭起京城与北国之城桥梁的北京朝阳站。

这是一座艺术的殿堂，彩釉幕墙可以为证。当朝阳从东方升起，金色与银色光线"相撞"，那是建筑与艺术积淀的光芒，是把建设者的果敢创新与古都的烟火氤氲揉碎、抛洒成的人间理想。

这是一座温馨的港湾，中式藻井可以为证。在站台藻井式吊顶下，沐浴一次日光，感受一次积蕴百年的厚重情怀，体验一回充满质朴气息的访古之旅，在匆匆里留下片刻驻足，给漂泊孤寂添上一缕暖阳。

这是一座畅通的枢纽，上盖停车场可以为证。国内首例、面积最大的雨棚上盖停车场，连接着下进下出、分块循环的乘降方式，互联互通、互相协调，可持续发展的脉动与畅通融合的理念同步交织。

创新与文化齐飞，历史与未来对话。留住城市记忆，让历史文化和现代生活融为一体，北京城"老"的底蕴与"新"的魅力，将在这里得到更为和谐的展现。

这，就是北京朝阳站。

从"星火"到"朝阳"

　　复兴号的轰鸣声回荡在耳畔，人头攒动、繁华喧嚣的北京朝阳站，已褪去小货运站的外衣，华丽转身为新时代精品智能客站的代表、北京铁路交通枢纽之一。

　　2021年1月22日上午9时16分，首发"高寒版"复兴号G913次列车从北京朝阳站缓缓开出，向着银装素裹的北国之城哈尔滨进发，京哈高铁北京至承德段正式开通运营，标志着1198公里的京哈高铁全线贯通。

打卡"网红"北京朝阳站（扫描二维码观看）

时隔 9 年，京哈高铁把哈尔滨和北京两地拉进 5 小时交通圈。

京哈高铁是我国"八纵八横"高速铁路网京哈至京港澳通道的重要组成部分，设计时速 350 公里。京哈高铁全线贯通，也让北京市迈入了拥有北京站、北京西站、北京南站、北京北站、清河站、北京朝阳站六座铁路客运枢纽和首都国际机场、大兴国际机场及两座国际机场的交通运输新时代。

作为新时代首都全面亮相的第一座大型客运枢纽，中铁建设集团倾力

建成后的北京朝阳站

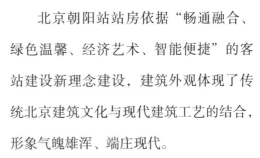
打造的新时代精品智能客站的示范工程，北京朝阳站车站整体以"活力之都"为建筑创意，采用东西方向城市空间轴线设计，与城市紧密相连，通过朝阳公园的绿色空间向东延续与东部城市空间形成整体。

北京朝阳站是京哈高铁京沈段全线 19 座站房中面积最大的站房，站房建筑面积约 18.3 万平方米，雨棚建筑覆盖面积达 6.2 万平方米，站场规模 7 台 15 线，建筑檐口高度为 37.2 米，主体结构共 3 层，其中地上 2 层、地下 1 层、局部设夹层；工程主体采用钢筋混凝土框架结构，屋盖采用大跨度空间钢桁架结构。

北京朝阳站站房依据"畅通融合、绿色温馨、经济艺术、智能便捷"的客站建设新理念建设，建筑外观体现了传统北京建筑文化与现代建筑工艺的结合，形象气魄雄浑、端庄现代。

站房建筑幕墙以"北京古建筑之美"为设计理念，从"灰砖金瓦"的传统建筑意象中汲取灵感，以灰色陶土板墙体为基调，进出站局部加入香槟色，丰富室内外效果，同时发挥对人行流线的引导作用。

站房西立面以屏风为设计灵感，采用玻璃幕墙体系，使用玻璃幕墙组成玻

璃长卷，营造通透的视野，给置身其中的旅客舒适的自然感，提供了不间断的自然采光。

站房西立面基座表现"画阁朱楼之才气"；候车厅坡形屋面构筑重檐庑殿风格，室内外装修融入"灰砖、红墙、金瓦"等北京元素，吊顶设计与结构布置结合，透过吊顶间隙，建筑主结构若隐若现。

站台雨棚采用土建装修一体化设计，使用清水混凝土及其他绿色节能材料，体现绿色车站的建设理念。站区生产办公房屋按照一站一景并重设计的理念，与站房建筑外观和谐统一，与周边环境交相辉映。

冬去春来，朝阳新升。从"星火"走向"朝阳"，898个日夜奋战，最终，一座古朴大气、科技感十足的北京朝阳站展示在世人面前，昂首阔步开启"十四五"新征程！

▲ 匠心铸造精品（扫描二维码观看）

⊙ 站房室外檐口吊顶，抽取北京传统建筑屋盖肌理，运用 U 型垂片与木色铝板相叠加的设计手法体现古建檐椽之美，赋予室外吊顶独特的肌理与质感。出挑深远，轻盈舒展，与室内吊顶延续渐变，整体协调统一。

⊙ 不忘初心，新都城古韵，北京朝阳站的建筑外观设计理念源于中国古建筑的重檐庑殿顶，建筑色彩中的黄、灰也与之呼应，无论是建筑设计立意还是地域文化内涵，都凸显出最浓郁的传统文化精神。

中铁建设团队将不同颜色的古建色彩应用于进站盒子，香槟色门头采用镂空雕刻铝板，背衬乳白色透光灯片，后置灯箱，形成光芒的艺术效果，在满足功能标识性的同时，突破传统车站空间色彩，丰富室内空间效果。

候车大厅 V 型柱形式简洁挺拔，柱础采用清水混凝土结构与钢结构结合，柱墩与钢结构铰接处原结构白色氟碳喷涂，结构交接处采用古铜色不锈钢向内收处理，柱墩与地面交接处采用古铜色不锈钢踢脚过渡处理，简化装修，体现建筑美。

北京朝阳站候车大厅充分体现建构一体化，装饰设计、建筑与结构之间巧妙结合，在有机联系的基础上体现出各自独立的规律性。

◀ 西进站广厅以"上下连续、求同存异"为前提，根据地上与地下的不同空间尺度微调空间形态，实现上下协调呼应，处处空间宜人，保证建筑空间的连贯性、协调性、整体性、文化性。

◀ 候车厅中部设置环岛型服务台，服务台与信息大屏结合，采用四面屏，便于候车区每个方向旅客的信息读取需求。中部立柱的顶部搭载信息屏幕向下倾斜更易阅读，中部为广告屏幕，下部为大漆艺术地域文化展示部分，增加服务台的艺术性。服务台整体为乳白色，设计风格简洁大方。

⌃ 立面彩釉玻璃幕墙运用现代参数化手法，通过金、银两色光点巧妙搭配，将整块玻璃幕墙变成一幅艺术装饰，当阳光洒在玻璃光点上时将产生耀眼光芒，带给乘客极佳的视觉体验。

⌃ 《朝阳》艺术装置以蓬勃的朝阳为视觉中心，利用金属条拼贴与彩色玻璃等工艺展现朝阳区的特色建筑、景观和奔驰的列车。很多旅客路过这里都会停下脚步拍照留念。

01

 卫生间内整体色调温暖明亮，搭配大片镜面给旅客以宽敞明亮的视觉感受，洗手池高低错落，满足不同年龄人群需求。第三卫生间内，特殊人群装置需求齐全，随处可见预设扶手，在保障旅客安全的基础上加以陶瓷面板艺术装置点缀，搭配温暖的整体色调，为特殊人群旅客带来舒适的出行体验。

02

母婴室温馨装饰，布置各项功能设施，木纹暖色调给人舒缓疲劳的身心感受，更贴近自然的感受，同时自然系列的卡通动物图案在能够吸引小孩的同时杜绝安全隐患，给小孩子一个和家一样的温馨，缓解处于陌生环境下的不安感受。

01 军人及重点旅客候车区

02 儿童候车区

儿童候车区鲜艳活泼，带有律动感；军人及重点旅客候车区以军绿色调作为基本色彩，体现庄严之感；商务候车区、贵宾候车区则以米黄色明亮华贵基调，表达对来宾的尊重。在装饰色彩基础上，面对不同人群提供针对性服务，让各类旅客充分感受朝阳站的人文魅力。

03 商务候车区

04 贵宾候车区

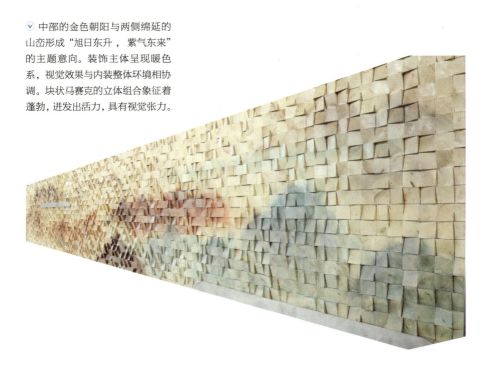

北京朝阳站的匾额字体采用榜书，材质由建筑材料构成，与周边装饰融为一体，用现代表现手法与各类工艺相融合，用现代概念传递传统文化。

中部的金色朝阳与两侧绵延的山峦形成"旭日东升，紫气东来"的主题意向。装饰主体呈现暖色系，视觉效果与内装整体环境相协调。块状马赛克的立体组合象征着蓬勃，迸发出活力，具有视觉张力。

出站口面对的主题墙面为《北京印象》艺术马赛克壁画。该装置运用现代马赛克的手法，表现出不同的富有蓬勃生机的北京特色著名建筑，如故宫博物院、清华大学、北京大学、圆明园、佛香阁等极具地方特色的艺术装饰，带给旅客极佳的视觉感受。

北京朝阳站建设者结合旅客快速进站、出站流线，将出站通廊和城市通廊作为重点空间打造，削弱地下空间单调、昏冷感受，以简洁现代为前提，在建筑语言、空间形式和材料色彩方面进行室内空间与室外空间的延续，保证建筑的整体性和文化性，加强温馨舒适及人性化体验。

▲ 北京朝阳站快速进站厅中创新采用吊灯和壁灯相结合的照明方式，采用吊灯使吊顶整体性更强，提高光效，节约能源。集散换乘厅则通过壁灯增加局部照明，使旅客换乘环境更加温馨舒适。

◀ 地下层吊顶通过折线造型与地上吊顶协调统一，利用地面和吊顶纹理体现方向性，吊顶 U 型垂片为东西向（垂轨）设置，体现旅客进出站方向。吊顶和地面采用南北向条带（顺轨），体现列车行进方向。

 站台是域外旅客通过高铁出行方式到达高铁站的
第一落客空间，而站台正如城市的客厅，这个"城
市客厅"不仅要"好看"，更要"好客"。城市客
厅建设理念让文化赋予站台以生命，展示城市这个
主人的内在文化气质，而这种气质正是城市传递给
旅客的最初印象。

北京朝阳站的站房站台可视范围全部采用清水混凝土结构，结构柱子截面尺寸大，最大达到 2.4 米 ×1.8 米，梁柱节点形状复杂，部分结构梁体与柱子斜交，柱子两侧设有排水凹槽且柱子四角采用圆弧角造型。北京朝阳站站房清水混凝土外美内坚，造型美观，整体外观效果简洁大气，有着绿色环保、经济实用的特点。

⊻ 候车厅综合服务中心、延续建筑简洁质朴的风格，采用仿清水墙面、陶板墙面和铝板搭配，竖向古铜色金属线条装饰，局部搭配仿鱼肚白薄岩板，整体清新、现代，与北京朝阳站现代有朝气的意图相契合。

◁ 候车厅地面变形缝采用铝合金蚀刻图案，把北京天际线结合北京朝阳站形成文化符号图案，间隔布置，呈现地域文化。

玻璃栏板采用不锈钢加实木扶手，呼应建筑主题香槟色调，实木扶手独特的肌理与质感，赋予栏杆传统美感，与整体建筑风格统一。从旅客需求出发，注重圆弧倒边等细节处理，让扶手触感细腻，提升空间品质，以达到温馨的体验感受。

02

03

01

01

⊙ 陶板幕墙以"北京灰"为主，局部加入香槟色，增加进出站空间的标识性，加强流线引导，力图体现北京古建之美，从"灰砖、金瓦"等传统建筑意向中汲取灵感，既丰富室内外效果，又能够起到装修自身对流线引导的作用，烘托出古朴大气的北方古建氛围。

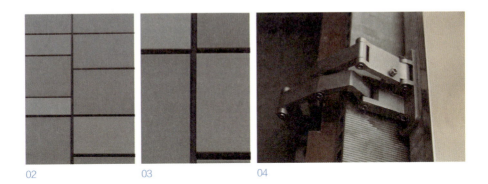

02   03   04

05   06

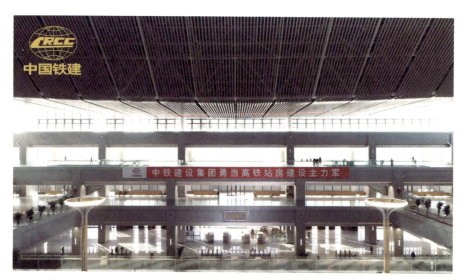

⌃ 航拍京哈高铁北京朝阳站、顺义西站、怀柔南站、密山站（扫描二维码观看）

⌃ 在北京朝阳站，感受艺术与建筑之美（扫描二维码观看）

"星火精神"照亮奋斗之路

2021 年，是中国共产党成立 100 周年，是"十四五"规划开局之年，也是中铁建设集团高质量再发展之年。历经四十多年的快速发展，身为中国铁建核心骨干企业之一，中铁建设集团新签合同额、营业收入、利润总额等主要经济指标创历史新高，雄踞中国铁建第一梯队。

"志之所趋，无远弗届，穷山距海，不能限也。"2008 年，中铁建设集团基于对市场的准确判断，对未来行业发展的敏锐洞察，搭上了中国高铁的快速列车。十多年来，中国高铁以超乎想象的速度飞驰，成为国家形象的"金名片"。在神州大地上，中铁建设集团承建的星罗棋布的高铁站房，也成为"金名片"上耀眼的一笔。

前进的道路从不会一帆风顺。2008年7月，厦门北站开工，这是中铁建设集团承建的第一个大型高铁站房项目，集团公司举全集团之力，抽调精兵强将奔赴厦门展开"大会战"。当年谁也不会想到，这支团队能够顺利完成中国西南地区最大的交通枢纽——昆明南站，全球首座实现一体化施工的既有线车站——宁波站改工程，世界级黄金旅游通道——杭黄高铁富阳站、桐庐站等客站建设；更不会想到，十多年后，中铁建设集团能够在全国47条铁路线上承建158座站房，特别是近三年承建数量，更是占据总数的半壁江山。

"星星之火，可以燎原。"从这个意义上说，厦门北站就是中铁建设集团高铁站房领域的星火。点点星火，穿过艰难的探索期和提升期，终于形成燎原之势，迎来了发展的春天。从厦门北站走出来的近30名管理人员已经成为今天中铁建设集团不可或缺的领军人才：铁路站房建设的"开拓者"张德训、青年员工的"领路人"李宏伟、站房技术创新的"引路人"王伟、站房改造工程的"探路者"江张宿、站房装饰的"带头人"崔凯、机电工程的"导航人"周益金……他们就是企业发展的火种，在不同区域、不同板块，为企业高质量发展贡献力量。

没有以厦门北站为代表的第一批站房的磨砺，就没有以昆明南站、贵阳北站、合肥南站、黄山北站等为代表的第二批站房创誉创效的成功，没有对第三批铁路站房工程"怎么揽、怎么干、怎么算"的系统总结与成熟认识，不可能形成中铁建设人"坚定信念、永不认输"的风骨，更不可能在以北京朝阳站为代表的第四批站房建设过程中展示出中铁建设人守正创新的智慧与万众一心的力量。

站房建筑面积 18.3 万平方米，作为国家"八纵八横"铁路网的重要组成部分，在新时代首都北京开通的第一个高铁站房——今天的北京朝阳站（曾用名星火站），自 2018 年 8 月 8 日开工以来，就备受瞩目。经过两年零四个月，中铁建设人用工匠精神和孜孜不倦的求索态度，创造了数个国内第一：站房雨棚上盖屋面为停车场的设计是国内首例，也是国内面积最大的钢筋混凝土结构雨棚上盖停车场；站房以屏风为设计灵感的玻璃幕墙，高 6 米、重 750 公斤，创下国内站房单片玻璃高度和重量之最；国内首个运用综合智慧管控系统的高铁站房……北京朝阳站成为新时代中国精品智能客站示范工程。

从最初满足基本功能性需求，到如今以国铁集团"畅通融合、绿色温馨、经济艺术、智能便捷"铁路客站建设新理念为指导，坚持精品目标、精心设计、精细管理、精致施工的新一代高铁客站建设，更加注重客站与旅客的交互体验，客站与周边配套设施的无缝衔接、与自然环境的完美融合以及对地域文化的深度解读等，中铁建设人发扬为民服务孺子牛、创新发展拓荒牛、艰苦奋斗老黄牛的精神，一路翻山越岭，一路高歌猛进，推动高铁客站建设迭代升级，实现了从跟跑者到领跑者的飞跃。

"一个国家，只有正确认识自己的历史，才能在现实奔腾的浪潮中把握方向；一个民族，只有正确理解自己的道路，才能在不断的社会变革中走向进步。"企业的发展，莫不如此。正是因为正确认识了自己的历史、正确理解自己的道路，中铁建设集团用实践总结理论，用理论指导实践，在认知的螺旋上升中赢得了发展的先机，在高铁站房建设的迭代升级中打造了中国高铁站房主力军的响亮品牌。

"星火点亮朝阳，奋斗成就伟业。"这就是"星火精神"。中铁建设人风雨兼程，用睿智、果敢、锲而不舍的奋斗精神，阔步前进在新时代建设社会主义现代化国家的康庄大道上，必将成就宏图伟业！

从北京朝阳站出发（扫描二维码收听）

从北京朝阳站出发
Starting from Beijing Chaoyang Station

第一段
The First Paragraph

主歌 A
Main Song A

男：
Male:

凛冽晨风中迎来了朝阳
The morning breeze ushered in the sunrise

回望这一座车站
Looking back at this station

女：
Female:

八百日夜的激情挥洒
Passion of 800 days and nights

如今终于俏然绽放
Now it's finally blooming

男：
Male:

微光轻照在灰陶土墙
Shimmering light on the grey clay wall

金色屋檐下泛光芒
Shining under the golden eaves

女：
Female:

北面飞来了一只花喜鹊
A flower magpie came to the north

漫步在偌大的停车场
Walking in the big parking lot

主歌 B
Main Song B

女：
Female:

新时代的铁路站房
Railway station buildings in the new era

与从前不大一样
It's not the same as before

温馨空间更体贴
Warm space is more considerate

来来回回更通畅
Come and go more smoothly

男：
Male:

复兴号停在六站台旁
Fuxing stops at platform six

历经燕山雪柳寒江
After Yanshan snow willow cold river

东四环外人流如织
The East Fourth Ring Road is full of people

白云黑土如愿以偿
White clouds and black earth

前副歌
Front Chorus

男合唱：
Male chorus:

多少付出多少人会心路百转
How much to pay, how many people will turn their mind

女合唱：
Female chorus:

神州画卷中一起乘风破浪
Riding the wind and waves together in the picture of China

副 歌
Chorus

大合唱：
Chorus：

因为曾经默默为你梳妆
Because I used to dress up for you in silence

凝视你的眼眸才会热泪盈眶
Tears come to my eyes when I stare at you

汽笛鸣响　思绪飞扬
The siren sounded and the mind flew

哦　来不及感慨地阔天长
Oh, it's too late to be full of emotion

背上行囊又要启航
Pack your bags and set sail again

第二段
The Second Paragraph

主歌 A
Main Song A

女：
Female:

微光轻照在灰陶土墙
Shimmering light on the grey clay wall

金色屋檐下泛光芒
Shining under the golden eaves

男：
Male:

北面飞来了一只花喜鹊
A flower magpie came to the north

漫步在偌大的停车场
Walking in the big parking lot

主歌 B
Main Song B

女：
Female:

新时代的铁路站房
Railway station buildings in the new era

与从前不大一样
It's not the same as before

温馨空间更体贴
Warm space is more considerate

来来回回更通畅
Come and go more smoothly

男：
Male:

复兴号停在六站台旁
Fuxing stops at platform six

历经燕山雪柳寒江
After Yanshan snow willow cold river

东四环外人流如织
The East Fourth Ring Road is full of people

白云黑土如愿以偿
White clouds and black earth

前副歌
Front Chorus

男合唱：
Male chorus:

多少付出多少人会心路百转
How much to pay, how many people will turn their mind

女合唱：
Female chorus:

神州画卷中一起乘风破浪
Riding the wind and waves together in the picture of China

副 歌
Chorus

大合唱：
Chorus:

因为曾经默默为你梳妆
Because I used to dress up for you in silence

凝视你的眼眸才会热泪盈眶
Tears come to my eyes when I stare at you

汽笛鸣响　思绪飞扬
The siren sounded and the mind flew

哦　来不及感慨地阔天长
Oh, it's too late to be full of emotion

背上行囊又要启航
Pack your bags and set sail again

背上行囊又要启航
pack your bags and set sail again